W0039317

Regine Stroner

Selbst gemacht
& mitgebracht

Geschenke aus der Küche

KOSMOS

Inhalt

Selbst gemacht schmeckt's am besten!

Ob eigenhändig gerührte Konfitüre, selbst gebackene Plätzchen, liebevoll gerollte Pralinen: Was aus der eigenen Küchenwerkstatt kommt, schmeckt einfach unvergleichlich gut – und man weiß, was drin ist. Diese mit Sorgfalt und Liebe zubereiteten Köstlichkeiten sind auch sehr persönliche Geschenke, mit denen man bei vielen Gelegenheiten Freude bereiten kann.

Deshalb verschenke ich gerne und viel aus eigener „Produktion" und muss bei Einladungen nie lange überlegen: „Was bringe ich mit?" Eine Auswahl meiner Lieblingsrezepte, die immer besonders gut ankommen, habe ich hier zusammengestellt. Vieles kann in der entsprechenden Erntezeit hergestellt werden und im Vorrat auf den passenden Einsatz warten. Einiges ist nicht so lange haltbar und wird speziell für den Anlass zubereitet.

Doch was wäre ein Geschenk ohne schöne Verpackung? Dafür müssen nicht immer teures Papier und aufwendige Schleifen gekauft werden. Im Haushalt fällt viel Material an, das man wunderbar wiederverwerten kann: das Netz, in dem Früchte verkauft werden, Körbchen, Dosen und Schachteln, Bänder und Schnüre, schöne Flaschen und Gläser, die zu schade für den Altglascontainer sind. Legen Sie sich einen kleinen Vorrat an und Sie haben immer eine originelle Verpackung für Ihre selbst gemachten Gaumenfreuden.

Viel Spaß beim Nachkochen und Verschenken
Ihre Regine Stroner

Früchte einkochen

Die Früchte vorbereiten

Das Obst immer waschen und gut abtropfen lassen.
Ausnahme: Himbeeren, denn sie würden beim
Waschen zu viel Wasser aufsaugen. Die Beeren jedoch
unbedingt verlesen, Blättchen oder andere Fremd-
körper entfernen. Größeres Obst wie Aprikosen,
Pfirsiche oder Zwetschgen halbieren, vierteln oder
in mundgerechte Stücke schneiden.

Zucker und Zitronensaft

Über das vorbereitete und zerkleinerte Obst die angegebene
Zuckermenge schütten und am besten mehrere Stunden
durchziehen lassen, damit die Früchte Saft ziehen können.
Kalt gestellt kann das Obst auch mal 1–2 Tage im Kühlschrank bleiben, bis es weiterverarbeitet wird.

Zitronensaft verstärkt das Aroma, deshalb sollte man bei
sehr reifen süßen Früchten den Saft einer Zitrone zufügen.
Gleich mit dem Zucker über die Früchte geben, dann ziehen
sie noch besser Saft.

Aufkochen und abschäumen

Die durchgezogenen Früchte während des Aufkochens immer wieder umrühren. So lösen sich noch vorhandene „Zuckernester", die sonst sehr leicht anbrennen und am Topfboden karamellisieren können. Am besten mit einem breiten Holzspatel umrühren, er löst auf einer breiten Fläche die Fruchtmasse vom Topfboden.

Beim Aufkochen bildet sich meistens ein feiner Schaum, der vorsichtig abgeschöpft werden sollte. Nicht während des Kochens abschöpfen, sondern erst nach der angegebenen Kochzeit. Die Oberfläche im Topf hat sich dann beruhigt, der Schaum wird leicht fest und kann mit einem flachen großen Löffel (es gibt spezielle Marmeladenlöffel) prima abgeschöpft werden. Der Schaum schmeckt gut zu Joghurt oder Quark.

Sauberkeit ist oberstes Gebot!

Die Gläser entweder mit dem heißesten Spülprogramm in der Spülmaschine waschen oder in kochendem Wasser 1–2 Minuten auskochen, kopfüber auf ein sauberes Küchentuch stellen und abtropfen lassen.

Damit es ohne große Kleckerei abgeht, empfiehlt sich ein spezieller Marmeladentrichter aus Edelstahl oder Kunststoff. Dabei bleibt auch der Rand der Gläser sauber. Und damit Schimmelpilze keine Chance haben: Die Oberfläche der Konfitüre mit einigen Tropfen Schnaps oder Likör, passend zu den Früchten, beträufeln. Die Gläser verschließen und zum Abkühlen auf den Kopf stellen.

Kuchen & Plätzchen

Mürbteig kneten

Alle Zutaten auf die Arbeitsfläche häufen und mit einem großen Messer oder einer Palette durchhacken, bis alles fein bröselig ist. Dann erst mit den Händen verkneten, möglichst nur mit den Fingerspitzen, damit durch die Handwärme das Fett nicht zu schnell schmilzt. Zu einer Kugel formen und in Folie wickeln.

Den Teig kalt stellen

Mürbteig mindestens 1 Stunde kalt stellen. Das Fett erstarrt und der Teig kann besser ausgerollt und verarbeitet werden. Mürbteig kann auch 1–2 Tage im Kühlschrank aufbewahrt werden, dann 1 Stunde vor der Weiterverarbeitung herausnehmen. Eventuell in Viertel schneiden und diese kurz durchkneten. Portionsweise verarbeiten, den Rest kalt stellen. Zu warm verarbeiteter Mürbteig läuft beim Backen leicht auseinander, deshalb die Bleche mit den ausgestochenen Plätzchen vor dem Backen am besten nochmals kühlen (im Winter auf dem Balkon).

So gelingen Kuchen und Plätzchen

Es empfiehlt sich, Backpapier zu verwenden. Für Bleche möglichst passgenaue Papierstücke abschneiden, denn überstehendes Papier flattert im Umluftherd und die Plätzchen verrutschen. Übrigens: Backpapier ruhig mehrmals verwenden! In eine Springform lässt sich ein rechteckiges Stück Backpapier, etwas größer als die Form, ganz schnell einspannen.

Der Rand der Springform muss nicht gefettet werden! Mürbteig löst sich fast von selbst, Rührteig kann leicht mit dem Messer gelöst werden und Biskuitteig geht am ungefetteten Rand schöner in die Höhe.

Für die richtige Einschubhöhe gilt: Die Mitte des Backguts sollte in der Mitte des Ofens sein. Flache Plätzchen also auf der mittleren Schiene, höhere Kuchen auf einer unteren Schiene backen.

Nach dem Backen abkühlen lassen

Fertige Plätzchen gleich vom Blech heben oder, wenn Backpapier verwendet wird, einfach das Papier mit den Plätzchen vom Blech ziehen. Auf Kuchengitter kühlt das Gebäck am besten ab, direkt auf der Arbeitsfläche liegend kann sich Schwitzwasser bilden und die Knusprigkeit leidet.

Kuchen oder kleine Törtchen vor dem Lösen aus der Form immer einige Minuten stehen lassen, dann erst auf ein Kuchengitter stürzen. Das Gebäck muss ganz abgekühlt sein, bevor es verpackt wird. Plätzchen können gut über Nacht liegen bleiben, sollten dann aber am nächsten Morgen gleich in Dosen aufbewahrt werden.

Raffiniert würzen

Ganze oder gemahlene Gewürze?

Verwenden Sie, so oft es geht, welche, die Sie erst beim Gebrauch frisch mahlen, zerstoßen oder im Mörser zerkleinern. Sie behalten ihr Aroma auch über längere Zeit sehr viel besser als schon gemahlene Gewürze. Allerdings lassen sich nicht alle Gewürze selbst mahlen, zum Beispiel Zimt oder Nelken. Davon immer nur kleine Mengen kaufen.

Ganze Gewürze mitkochen

Die Gewürze können in große Tee-Eier gefüllt oder in ein Mullsäckchen eingebunden werden. Sie geben während des Kochens ihr Aroma ab und können ganz leicht wieder entfernt werden. Ideal dann, wenn klare Flüssigkeiten gewürzt werden sollen, bei denen gemahlene Gewürze eine unerwünschte Trübung hinterlassen würden.

Gewürze herausfiltern

Ein feines Haarsieb hält auch ganz winzige
Teilchen zurück. Soll es noch feiner sein, hilft bei
kleinen Mengen ein Kaffeefilter weiter. Diesen
in ein passendes Gefäß stecken, überstehenden
Filter über den Gefäßrand stülpen. Dann nur
portionsweise und ganz langsam gießen, damit
der Filter nicht ins Glas abstürzt. Für größere
Mengen ein Sieb mit Küchenpapier auslegen,
ebenfalls ganz langsam eingießen, da die Flüssigkeit sonst sehr leicht überläuft.

Sind nur kleine Mengen an Gewürzen abzusieben, lohnt es nicht, die Flüssigkeit zuerst in
ein zweites Gefäß abzusieben und dann abzu-
füllen. Einfach ein kleines Sieb in einen Trichter
legen und die beiden Arbeitsgänge in einem
Schritt erledigen.

Gewürze zerkleinern

Die Gewürze auf ein Arbeitsbrett geben und mit einigen
Tropfen geschmacksneutralem Öl (Maiskeim- oder Son-
nenblumenkernöl) beträufeln, das hält die Körner ein wenig beisammen. Einen schweren Topf (eine Sauteuse mit
Stielgriff lässt sich besonders gut halten) auf die Gewürze
stellen und diese durch Druck grob zerkleinern.

Die Anschaffung eines Mörsers lohnt sich wirklich. Damit lassen sich die meisten Gewürze von grob bis ganz fein
zerkleinern und individuelle Würzmischungen herstellen. Manche Küchenmaschinen haben im Zubehör kleine
Messer-Mahlwerke, in denen Gewürze ohne Kraftaufwand
zerkleinert werden können. Und auch eine ausgediente
Kaffeemühle erfüllt diese Aufgabe – sie ist allerdings dann
fürs Kaffeemahlen nicht mehr zu gebrauchen!

Fruchtgenuss
im Glas

Aprikosenkonfitüre mit Mandeln

3 Gläser à 250 ml | Zubereitungszeit: 25 Minuten | Ruhezeit: ca. 24 Stunden

500 g Aprikosen, 250 g Gelierzucker, 50 g gehackte Mandeln,
2 EL Mandellikör, etwas Aprikosenschnaps

Die Aprikosen waschen, halbieren und entkernen. Den Gelierzucker darübergeben, zugedeckt einige Stunden (am besten über Nacht) Saft ziehen lassen. Genauso lange die Mandeln im Likör marinieren.

Die Aprikosen zum Kochen bringen, 3 Minuten sprudelnd kochen lassen, vom Herd ziehen, eventuell entstandenen Schaum abschöpfen (nicht wegwerfen, schmeckt sehr gut auf Brot oder in Joghurt gerührt).

Die Konfitüre mit dem Pürierstab sehr fein pürieren, die Mandeln einrühren. In heiß ausgespülte Gläser füllen, die Oberfläche mit Schnaps beträufeln. Verschließen, kopfüber stellen und abkühlen lassen. Die Konfitüre ist mehrere Monate haltbar.

Das Rezept lässt sich auch mit Reneklonden, Nektarinen oder Pfirsichen zubereiten. Dabei können die Mandeln durch grob gehackte Haselnüsse oder Pistazien ersetzt werden, die man in Nusslikör oder einem passenden Obstschnaps mariniert.

Pfirsichkonfitüre mit Rosmarin

3 Gläser à 250 ml | Zubereitungszeit: 30 Minuten

600 g Pfirsiche, Saft von ½ Zitrone, 300 g Gelierzucker 2:1,
1 Zweig Rosmarin, 2–3 EL Aprikosenschnaps

Die Pfirsiche in kochendes Wasser geben, einmal aufkochen lassen. In ein Sieb abgießen und mit kaltem Wasser abschrecken. Die Haut abziehen, Früchte halbieren, Kerne entfernen, das Fruchtfleisch fein würfeln. Mit dem Zitronensaft übergießen.

Den Gelierzucker unterrühren, den Rosmarin zufügen. Alles erhitzen und unter Rühren 4–5 Minuten kochen lassen. Den Zweig entfernen. Die Konfitüre in heiß ausgespülte Gläser füllen und mit Schnaps beträufeln. Die Gläser verschließen, auf den Kopf stellen und abkühlen lassen. Mehrere Monate haltbar.

Ein schönes Glas – dafür immer mal wieder auch auf Flohmärkten stöbern – ist schon Verpackung genug, wenn Sie Marmelade verschenken.

Pflaumen- und Nektarinenkonfitüre

Nach diesem Rezept lassen sich auch Pflaumen, Nektarinen und Renekloden zubereiten. Rosmarin passt dabei zu allen diesen Früchten. Pfirsich- oder Aprikosenkonfitüre schmeckt auch mit Salbei sehr gut. Dafür 5–6 frische Salbeiblätter in feine Streifen schneiden und mit den Früchten kochen. Getrockneter Salbei eignet sich nicht so gut, denn die feinen Kräuterbrösel verleihen der Konfitüre eine etwas seltsame Farbe.

Kalt gerührte Johannisbeerkonfitüre

3 Gläser à 250 ml | Zubereitungszeit: 25 Minuten

500 g schwarze Johannisbeeren,
250 g Gelierzucker 2:1, 2–3 EL Johannisbeerlikör

Die Beeren waschen und in einem Sieb abtropfen lassen. Die Beeren von den Rispen zupfen, mit dem Zucker vermischen. Entweder in der Küchenmaschine 10–12 Minuten oder von Hand mindestens 15 Minuten rühren, bis sich der Zucker vollständig aufgelöst hat.

Die Konfitüre in heiß ausgespülte Gläser füllen und mit dem Likör beträufeln. Verschließen und im Kühlschrank aufbewahren. 4–5 Wochen haltbar.

Die kalt gerührte Konfitüre schmeckt ganz intensiv nach den verwendeten Früchten, ist aber nicht so lange haltbar wie eine gekochte Konfitüre. Falls Sie eingefrorene Früchte aus dem Vorrat verwenden, kurz antauen lassen, mit dem Zucker vermischen und wie oben beschrieben rühren.

Himbeer- und Stachelbeerkonfitüre

Himbeeren und Stachelbeeren lassen sich ebenfalls gut kalt rühren. Denn diese Früchte enthalten, ebenso wie die schwarzen Johannisbeeren, genügend Pektin, um zu gelieren.

Orangenmarmelade mit Kardamom

4 Gläser à 250 ml | Zubereitungszeit: 30 Minuten

1 kg unbehandelte Orangen, Saft von 1 Zitrone, 500 g Gelierzucker 2:1, 1 EL Kardamomsamen, 2–3 EL Orangenlikör

Die Orangen waschen, die Schale ganz dünn abschälen, in feine Streifen schneiden. Die weiße Haut der Orangen sorgfältig entfernen. Die Orangen vierteln, jeweils quer in feine Scheiben schneiden. Alles mit Zitronensaft, Gelierzucker und Kardamom vermischen.

Die Orangenmasse unter Rühren zum Kochen bringen und 3–4 Minuten kochen lassen. Die Marmelade in heiß ausgespülte Gläser abfüllen, die Oberfläche mit Likör beträufeln. Gläser verschließen und zum Abkühlen auf den Kopf stellen. Mehrere Monate haltbar.

Lemon Curd

Für diesen englischen Zitronenaufstrich 3 Eier und 250 g Zucker mit den Schneebesen des Handrührers sehr schaumig schlagen. Die abgeriebene Schale und den Saft von 2 unbehandelten Zitronen dazugeben. 75 g Butter in kleine Stücke schneiden und ebenfalls zufügen. Die Schüssel über ein Wasserbad setzen, die Masse erwärmen, bis sie leicht dicklich wird. In heiß ausgespülte Gläser abfüllen und verschließen. Im Kühlschrank 2–3 Wochen haltbar.

Weihnachtliche Zwetschgenkonfitüre

4 Gläser à 250 ml | Zubereitungszeit: 30 Minuten | Ruhezeit: mindestens 6 Stunden

750 g Zwetschgen, 350 g Gelierzucker 2:1, 1 gehäufter EL Lebkuchengewürz (oder je 1 gestr. TL gemahlener Zimt und Nelken sowie je
1 Prise Piment und Kardamom), 3–4 EL Zwetschgenschnaps

Die Zwetschgen waschen, halbieren und die Kerne entfernen. Den Gelierzucker darübergeben, einige Stunden, am besten über Nacht, durchziehen
lassen.

Das Lebkuchengewürz oder die einzelnen Gewürze unterrühren. Alles
unter Rühren zum Kochen bringen und 4–5 Minuten köcheln lassen. Die
Konfitüre in heiß ausgespülte Gläser abfüllen, die Oberfläche mit dem
Schnaps beträufeln. Verschließen und zum Abkühlen auf den Kopf stellen.

Die Konfitüre bekommt
durch die Gewürze einen
„weihnachtlichen" Geschmack.
Wer Zwetschgen im Garten
hat, kann damit seine
Weihnachtsgeschenke schon
auf Vorrat kochen!

Zitrusgelee
mit Granatapfelkernen

4 Gläser à 250 ml | Zubereitungszeit: 30 Minuten

je 400 ml rosa Grapefruitsaft und Orangensaft
(frisch gepresst oder aus der Flasche), 500 g Gelierzucker 2:1,
1 Granatapfel, 50 ml Campari

Grapefruitsaft, Orangensaft und Gelierzucker gut verrühren. Erhitzen und 4–5 Minuten sprudelnd kochen lassen. Eventuell entstehenden Schaum großzügig abschöpfen (schmeckt gut unter Joghurt gerührt).

Den Granatapfel halbieren, die Kerne zwischen den Innenhäuten herauslösen. 150 g davon (die restlichen kann man unter das morgendliche Müsli mischen) mit der Hälfte des Campari in das Gelee rühren. Nochmals aufkochen lassen. Das Gelee in heiß ausgespülte Gläser füllen, etwas abkühlen lassen, dann die Oberfläche mit dem restlichen Campari beträufeln. Verschließen und auf den Kopf gestellt abkühlen lassen. Das Gelee hält sich mehrere Monate.

Der Campari verstärkt den leichten Bitterton der Grapefruit. Wenn Sie auf den Alkohol verzichten möchten, nehmen Sie einfach ein wenig mehr Orangensaft.

Das Gelee schmeckt sehr gut zu frischem Schafs- oder Ziegenkäse. Deshalb bietet es sich an, das Zitrusgelee zusammen mit einem guten Frischkäse zu verschenken.

Kürbiskonfitüre mit Ingwer

4 Gläser à 250 ml | Zubereitungszeit: 40 Minuten | Ruhezeit: mindestens 6 Stunden

750 g klein gewürfeltes Kürbisfleisch (Muskatkürbis oder Hokkaido sind besonders aromatisch), 400 g Gelierzucker 2:1, 1 Zitrone, 100 g frischer Ingwer, 3–4 EL Obstschnaps

Das Kürbisfleisch in eine Schüssel geben und den Gelierzucker darüberstreuen. Die Zitronenschale darüberreiben, den Saft auspressen und ebenfalls hinzufügen. Alles gut durchmischen und mindestens 6 Stunden, besser noch über Nacht, Saft ziehen lassen.

Den Ingwer schälen und möglichst fein hacken. Unter die Kürbismasse rühren, erhitzen und unter Rühren köcheln lassen, bis die Kürbisstücke ganz weich sind. Mit dem Pürierstab fein pürieren. Nochmals aufkochen lassen. Vorsicht, die Masse setzt sehr leicht am Topfboden an.

Die Konfitüre in heiß ausgespülte Gläser füllen, die Oberfläche mit dem Schnaps beträufeln. Gut verschließen und zum Abkühlen auf den Kopf stellen. Mehrere Monate haltbar.

Sie können die Schärfe noch erhöhen, indem Sie eine kleine getrocknete Chilischote mitkochen und vor dem Pürieren herausfischen.

Durch den Ingwer erhält die Konfitüre eine angenehme Schärfe und passt dadurch perfekt zu Blauschimmelkäse oder zu gekochtem Fleisch.

Quittengelee mit Nelken

5 Gläser à 250 ml | Zubereitungszeit: 2 Stunden | Abtropfzeit: 24 Stunden

1,5 kg Quitten, 1 Zitrone, 100 g Zucker, 1 l Wasser, 500–700 g
Gelierzucker 2:1, 1 EL ganze Nelken, 4–5 EL Quittenschnaps

Die Quitten waschen, dabei den Flaum gründlich abreiben. Quitten achteln, den Stielansatz herausschneiden. Die Zitrone ebenfalls achteln. Quitten, Zitrone, Zucker und Wasser in einen Topf füllen. Alles 1–1 ½ Stunden kochen lassen, bis die Quitten ganz weich sind.

Die Quittenmasse in ein Tuch füllen (ideal ist ein alter Kopfkissenbezug aus Baumwolle), über eine Schüssel hängen und den Saft über Nacht ablaufen lassen.

Den Saft abmessen. Auf 100 ml Saft 50 g Gelierzucker nehmen. Saft und Zucker gründlich verrühren, erhitzen und 3–4 Minuten sprudelnd kochen lassen. Den entstandenen Schaum abschöpfen, damit das Gelee schön klar wird.

Die Nelken einrühren. Das Gelee in heiß ausgespülte Gläser füllen. Etwas abkühlen lassen, dann die Oberfläche mit Schnaps beträufeln. Gläser verschließen, kopfüber stellen und abkühlen lassen.

Quittengelee passt wunderbar zu Käsesorten mit intensivem Geschmack, z. B. zu Roquefort oder sehr reifem Pecorino.

Apfelgelee mit Thymian

Die Quitten durch Äpfel ersetzen und wie oben beschrieben zubereiten, jedoch nur 600 ml Wasser zum Kochen angießen. Kleine Thymianzweige statt der Nelken mitkochen und vor dem Abfüllen in die Gläser verteilen.

Scharfe Feigenkonfitüre

4 Gläser à 250 ml | Zubereitungszeit: 30 Minuten

750 g reife Feigen, 2 Zitronen, 4 EL körniger Senf,
¼ TL gemahlener Piment, 1 getrocknete Chilischote, 400 g Gelierzucker 2:1, 3–4 EL Gin oder Wodka

Die Feigen waschen, in große Würfel schneiden. Die Schale der Zitronen dazureiben, den Saft auspressen und ebenfalls zufügen. Senf, Piment, zerkleinerte Chilischote und Gelierzucker dazugeben. Alles zum Kochen bringen und unter Rühren 4–5 Minuten kochen lassen.

Die Konfitüre mit dem Pürierstab durchmixen. In heiß ausgespülte Gläser füllen, die Oberfläche mit dem Alkohol beträufeln. Die Gläser verschließen und zum Abkühlen auf den Kopf stellen. Die Konfitüre ist mehrere Monate haltbar.

Für weniger Schärfe die Chilischote vorher halbieren und die Kerne entfernen. Evtl. zuerst nur eine halbe Schote verwenden, abschmecken und den Rest gegebenenfalls dann erst dazugeben.

Die würzige Feigenkonfitüre ist die ideale Ergänzung zu Käsesorten wie frischem Ziegen- oder Schafskäse, gereiftem Hartkäse oder auch zu Gorgonzola und Roquefort. Sie passt auch ausgezeichnet zu kaltem gekochtem Rindfleisch, dünn geschnitten, mit wenig Olivenöl beträufelt und mit grob gemahlenem Meersalz und Pfeffer bestreut.

Grüne Tomatenkonfitüre

3 Gläser à 250 ml | Zubereitungszeit: 25 Minuten

500 g grüne Tomaten, 2 Zitronen, 250 g Gelierzucker 2:1,
je 1 Prise gemahlene Nelken und Zimt, 2–3 EL Gin

Die Tomaten waschen, den grünen Stielansatz herausschneiden. Die Früchte in daumennagelgroße Stücke schneiden. Von 1 Zitrone die Schale abreiben und zu den Tomaten geben. Beide Zitronen auspressen, Saft ebenfalls zufügen.

Gelierzucker und Gewürze unterrühren. Zum Kochen bringen und bei milder Hitze 3–5 Minuten köcheln lassen. In heiß ausgespülte Gläser füllen, die Oberfläche mit Gin beträufeln. Verschließen und kopfüber gestellt abkühlen lassen. Die Konfitüre dunkel und kühl aufbewahren, damit sie ihre schöne Farbe behält. Mehrere Monate haltbar.

Die Tomatenkonfitüre schmeckt nicht nur aufs Frühstücksbrötchen, sondern auch zu Fleisch oder einem Edelschimmelkäse.

Schöne Einkaufstüten – hier eine bedruckte Papiertüte – nicht wegwerfen, sondern als Geschenkverpackung weiterverwenden.

Rote Tomatenkonfitüre
Auch aus roten Tomaten lässt sich auf die gleiche Weise eine Konfitüre zubereiten. Dann allerdings die Tomaten zuerst mit kochendem Wasser überbrühen, kalt abschrecken und die Haut abziehen.

Kochzutaten
vom Feinsten

Mediterranes Kräutersalz

ca. 500 g | Zubereitungszeit: 20 Minuten | Trockenzeit: 24 Stunden

2 Bund Thymian, 3 EL Rosmarinnadeln,
4 EL weiße oder schwarze Pfefferkörner, 500 g grobes Salz

Thymian waschen und mit Küchenpapier gut abtrocknen. Die Blättchen von den Stielen streifen. Zusammen mit den Rosmarinnadeln auf einem Tuch ausbreiten und über Nacht trocknen lassen.

In einer Schüssel getrocknete Kräuter, Pfeffer und Salz vermischen. Für die Salzmühle das grobe Salz nur mit den übrigen Zutaten vermischen. Für eine streufähige Salzmischung das Salz (notfalls auch feines Salz) mit den Zutaten portionsweise im Mixer oder in der Küchenmaschine fein mahlen. Dabei während des Mahlens den Deckel immer wieder öffnen, damit der feine Staub entweichen kann. In fest schließende Gläser abfüllen.

Gewürzsalzmischungen

Besondere Salzmischungen lassen sich ganz nach Belieben zusammenstellen: z. B. mit Pfefferkörnern und getrockneten Chilischoten; mit schwarzem Pfeffer, Kardamomsamen und getrockneten Orangenschalen; oder mit Rosmarin, Pfeffer, getrockneten Zitronenschalen und einigen klein geschnittenen, getrockneten Tomaten. Wichtig: alle Zutaten müssen absolut trocken sein!

Füllen Sie das Kräutersalz in einen braunen Kaffeefilter und binden Sie ihn mit Küchengarn zu einem Säckchen. Oder verschenken Sie es abgefüllt in eine Salzmühle mit Keramikmahlwerk.

Orangen- und Zitronenzucker

4 Gläser à ca. 250 ml | Zubereitungszeit: 20 Minuten | Trockenzeit: mehrere Stunden bzw. Tage

10 unbehandelte Zitronen oder Orangen, 1 kg Zucker

Die Zitrusfrüchte waschen und trocken reiben. Die Schale mit einem Sparschäler rundum abschneiden. Entweder bei Zimmertemperatur über mehrere Tage oder bei ca. 50 °C im Backofen so lange trocknen lassen, bis die Schalenstücke ganz hart sind.

Schalen und Zucker vermischen. Portionsweise im Mixer mahlen. Der Zucker wird dabei fein und puderig. Beim Mixen zwischendurch immer wieder stoppen und den Deckel öffnen, damit der feine Staub entweichen kann. In Gläser füllen und gut verschließen. Mehrere Monate haltbar.

Vanillezucker

Pro 250 g Zucker eine Vanilleschote aufschlitzen, Mark herausschaben und mit dem Zucker vermischen. Die ausgeschabte Schote einige Tage trocknen lassen, dann in Stücke brechen und mit dem Zucker durchmixen. Größere Vanillestücke eventuell heraussieben. Auch aus bereits ausgeschabten oder ausgekochten Vanilleschoten lässt sich ein wunderbarer Vanillezucker herstellen. Die Schoten unter kaltem Wasser gründlich abspülen und wie oben beschrieben trocknen lassen. Anschließend mit Zucker vermischen und im Mixer ganz fein zermahlen.

Mit den aromatisierten Zuckervarianten lassen sich Desserts und feine Backwaren würzen. Auch eine Tasse Tee bekommt z. B. durch Orangenzucker eine ganz besondere Note.

Wein

Orangen

Punschessenz

Nelken   Rum

Punsch-Essenz

ca. 1 l | Zubereitungszeit: 20 Minuten | Ruhezeit: ca. 1 Stunde

2 unbehandelte Orangen, 1 unbehandelte Zitrone,
100 g Würfelzucker, ½ l Weißwein, ¼ l Rum, ¼ l Arrak,
6 Pimentkörner, 4 Nelken

Orangen und Zitrone waschen und abtrocknen. Die Würfelzuckerstück-
chen an der Orangenschale reiben, diese zerfallen dabei zwar etwas, nehmen aber die ätherischen Öle auf. Zuckerstückchen in einen Topf geben.
Anschließend mit einem Sparschäler Orangen und Zitrone schälen. Die
Früchte auspressen.

Schalen und Saft zum Zucker geben, mit dem Weißwein auffüllen und einmal aufkochen lassen. Rum, Arrak und die Gewürze unterrühren. Diese
Mischung mindestens 1 Stunde durchziehen lassen. Anschließend absieben
und in heiß ausgespülte Flaschen füllen.

Die Essenz hält sich mehrere Monate. Mit Wasser oder Tee lässt sich daraus
ganz schnell ein aromatischer Punsch zubereiten.

Verschenken Sie die Essenz mit einem
Päckchen Tee (Früchtemischung oder kräf-
tiger Assam) und dazu vielleicht ein Set
hitzebeständiger Gläser. Wenn Sie für die
Gläser noch kleine Stulpen stricken, wird
es ein ganz individuelles Präsent.

Holunderblütensirup

ca. 1,8 l | Zubereitungszeit: 40 Minuten | Ruhezeit: ca. 2 Wochen

12 große Dolden oder 2 Handvoll Holunderblüten,
1 l abgekochtes kaltes Wasser, 1 kg Zucker, 30 g Zitronensäure
(aus der Apotheke), 2 unbehandelte Zitronen

Die Holunderblüten nach kleinen Tierchen absuchen. Nicht zu sehr schütteln, damit der feine Staub an den Blüten bleibt und nicht herausfällt.

Wasser, Zucker und Zitronensäure in ein großes Gefäß füllen, die Blüten hineingeben und in die Flüssigkeit drücken. Die Zitronen in feine Scheiben schneiden, die Oberfläche damit belegen. Mit einem Teller beschweren, damit alles von Flüssigkeit bedeckt ist.

Mit Folie abdecken und an einem kühlen Ort 2 Wochen durchziehen lassen. Zwischendurch immer wieder umrühren, der Zucker soll sich zum Schluss ganz aufgelöst haben.

Den Sirup durch ein feines Sieb abgießen und in heiß ausgespülte Flaschen füllen. Kühl aufbewahrt mehrere Monate haltbar.

Mit Mineralwasser verdünnt wird aus dem Sirup eine erfrischende Limonade. Ein Glas Sekt duftet mit einem kleinen Schuss Sirup wunderbar nach den frischen Blüten. Obstsalat oder frischen Beeren verleiht er ein ganz besonderes Aroma.

Holunderblütenessig

1 l Essig (am besten milder Weißweinessig) in ein passendes Glas füllen und eine Handvoll Blüten hineingeben, die Blüten müssen vom Essig bedeckt sein. Das Glas verschließen und 14 Tage an einem sonnigen Ort stehen lassen. Anschließend absieben und in heiß ausgespülte Flaschen abfüllen.

Läuterzucker

ca. 900 ml | Zubereitungszeit: 10 Minuten

500 ml Wasser, 500 g Zucker

Wasser und Zucker in einem Topf erhitzen, 2–3 Minuten leise köcheln lassen. Etwas abkühlen lassen, dann in heiß ausgespülte Flaschen füllen und verschließen. Läuterzucker ist auch ungekühlt mehrere Wochen haltbar.

Läuterzucker oder Zuckersirup ist ideal zum Süßen, wenn Zuckerkörnchen stören würden: in Cocktails, Fruchtsalaten, kalt zubereiteten Cremes oder zum Tränken von Tortenböden und Kuchen.

Der pure Sirup kann ganz unterschiedlich parfümiert werden. Ist die frische Zutat gerade nicht greifbar, reicht eine kleine Menge des Spezialsirups, um einer Speise den nötigen Geschmack zu verleihen.

Zitronensirup und Minzsirup

Zum Grundrezept 3 unbehandelte Zitronen hinzufügen. Diese in Viertel schneiden, mitköcheln lassen und dabei mit dem Rührlöffel gut zerdrücken. Den Sirup ca. 30 Minuten durchziehen lassen, anschließend durch ein feines Sieb abfiltern. Die Zitronen im Sieb nochmals gut ausdrücken. Für Minzsirup 1 Handvoll frische oder getrocknete Minzblätter in den heißen Sirup geben und 30 Minuten ziehen lassen. Dann durch ein Sieb abgießen.

Die Sirupflaschen sind ein willkommenes Geschenk für alle Cocktail-Liebhaber. Vielleicht mit einem Shaker oder einem Strainer (spezielles Barsieb) verschenken.

Asiatischer Duftessig

ca. 1 l | Zubereitungszeit: 30 Minuten

1 EL Pfefferkörner, 1 EL Korianderkörner,
1 TL Senfkörner, 50 g frischer Ingwer, 4 Knoblauchzehen,
1 Stange Zitronengras, 1 l Weißweinessig

Pfeffer-, Koriander- und Senfkörner auf ein großes Holzbrett häufen. Mit einigen Tropfen Öl beträufeln, damit die Körner nicht so leicht wegrollen. Mit einem schweren Topf die Körner grob zerstoßen, so geben sie ihr Aroma besser ab.

Ingwer und Knoblauch schälen. Ingwer in dünne Scheiben, den Knoblauch und das Zitronengras in Stücke schneiden. Alle vorbereiteten Zutaten in ein Mullsäckchen binden oder in ein großes Tee-Ei füllen. Den Weißweinessig mit der Gewürzmischung erhitzen und 10 Minuten leise köcheln lassen. Gewürze herausnehmen, Essig durchfiltern (siehe Seite 13) und in ausgekochte Flaschen füllen. Mehrere Monate haltbar.

Die Würzzutaten können auch offen im Essig mitgeköchelt werden. Danach durch ein Sieb (Küchenpapier oder Kaffeefilterpapier einlegen) abgießen.

Würzessig

Für scharfen Würzessig Ingwer und Zitronengras durch 3–4 getrocknete und zerkleinerte Chilischoten ersetzen. Für einen milden Essig folgende Zutaten verwenden: 1 EL Pfefferkörner, 1 TL Kardamomsamen, 1 TL Pimentkörner, 4 Nelken und zusätzlich 2 EL Rohrzucker mitköcheln. Der Weißweinessig kann auch durch Apfelessig ersetzt werden.

Chili-Öl

ca. 1 l | Zubereitungszeit: 15 Minuten

100 g frische Chilischoten, 4 Knoblauchzehen, 1 EL Pfefferkörner,
2 Pimentkörner, 1 l Maiskeim- oder Sonnenblumenöl

Die Chilischoten putzen, Stiele entfernen. Schoten grob hacken. Knoblauch schälen, ebenfalls grob zerkleinern. Pfefferkörner und Piment auf ein Küchenbrett geben, mit etwas Öl beträufeln, mit einem schweren Topf grob zerdrücken. Alle Zutaten mit dem Öl erhitzen. Sobald feine Bläschen aufsteigen, vom Herd nehmen und abkühlen lassen.

Das Öl abgekühlt durchfiltern (dafür ein Sieb mit Küchenpapier oder Mulltuch auslegen) und in heiß ausgespülte Flaschen abfüllen. Das Öl ist mehrere Monate haltbar.

Chili-Öl kann auch mit getrockneten Chilischoten zubereitet werden, dann allerdings nur ca. 25 g Chili auf 1 l Öl verwenden.

Wer das Öl nicht erhitzen möchte, kann die zerkleinerten Chilischoten (25 g auf ¼ l Öl) auch mit Öl übergießen, in ein Schraubglas füllen und 2 Wochen durchziehen lassen. Anschließend durch einen Kaffeefilter in ein heiß ausgespültes Glas sieben.

Beim Arbeiten mit Chilischoten, egal ob frisch oder getrocknet, entweder Einmal-Handschuhe tragen oder die Hände anschließend gründlich mit Seife waschen. Denn die scharfen Schoten reizen die Schleimhäute!

Eingelegtes Suppengemüse

4 Gläser à 500 ml | Zubereitungszeit: 20 Minuten

je 300 g Lauch, Sellerie, Möhren und
Petersilienwurzel, 1 Handvoll Liebstöckel, 250 g Salz,
nach Belieben 2–3 EL Pfefferkörner

Den Lauch längs aufschlitzen, waschen, gut abtropfen lassen. Sellerie, Möhren und Petersilienwurzel schälen. Liebstöckel waschen, abtrocknen. Alles grob zerkleinern, anschließend im Mixer zusammen mit dem Salz und den Pfefferkörnern gut durchmixen. Die Mischung in Gläser füllen und gut verschließen. Hält sich im Kühlschrank mehrere Monate und ist ideal zum Würzen von Brühen und Saucen.

Nach Belieben kann man zusätzlich auch noch 1 Handvoll frische Petersilie mitsamt den Stängeln mitmixen.

Asiatisches Suppengemüse

Den Liebstöckel weglassen, stattdessen 150 g frischen Ingwer schälen und in grobe Stücke schneiden. Von 4 Stängeln Zitronengras das harte Äußere entfernen, das Innere in feine Scheiben schneiden. Mit den übrigen Zutaten durchmixen. Zum Würzen von Suppen und Saucen oder pfannengerührten Gerichten verwenden.

Diese Würzmischung für den Vorrat zubereiten, wenn es die frischen Zutaten preiswert auf dem Wochenmarkt zu kaufen gibt oder die Ernte im Garten üppig ausfällt.

eingelegtes Suppengemüse

Kräuterbutter

ca. 250 g | Zubereitungszeit: 10–20 Minuten

½ Bund Blattpetersilie, 1 Zweig frischer Thymian,
1 TL frische Rosmarinnadeln, abgeriebene Schale von ½ Zitrone,
2 Knoblauchzehen, 250 g zimmerwarme Butter, Salz, Pfeffer
aus der Mühle, etwas Zitronensaft

Petersilie waschen, Blätter von den Stielen zupfen. Thymianblättchen ebenfalls von den Stängeln streifen. Kräuter und Zitronenschale in den Mixer füllen. Knoblauchzehen schälen, grob zerkleinert zufügen. Die Butter in Stücken dazugeben. Alles gut durchmixen, mit Salz, Pfeffer und Zitronensaft abschmecken. Die Butter ist im Kühlschrank mehrere Tage haltbar.

Aromatisierte Butter lässt sich auch ohne Mixer zubereiten. Dafür alle geschmacksgebenden Zutaten zuerst auf einem Brett ganz fein hacken und dann mit einer Gabel unter die weiche Butter drücken.

Tomatenbutter und Brandy-Butter

75 g getrocknete Tomaten, 2 geschälte Knoblauchzehen, einige Blättchen Thymian oder Rosmarinnadeln ganz fein gehackt unter 250 g weiche Butter kneten. Mit Salz, Pfeffer aus der Mühle und einem Schuss Sherry kräftig abschmecken. Für die Brandy-Butter 2–3 EL Weinbrand, 2 EL Puderzucker und abgeriebene Schale von ¼ Orange oder 1 EL Orangenzucker (siehe Seite 40) mit 250 g weicher Butter zu einer glatten Masse verarbeiten. Passt besonders gut zu Früchtebrot oder Stollen!

Sie können die Butter auch in ein schönes Gefäß, eventuell mit Deckel, füllen. Oder in Butterbrotpapier zu Rollen formen und die Enden zusammendrehen.

Bärlauchpesto

ca. 2 Gläser à 200 ml | Zubereitungszeit: 20 Minuten

250 g frischer Bärlauch, 75 g Grana, 50 g geschälte Mandeln,
150 ml Olivenöl, Salz und Pfeffer aus der Mühle

Den Bärlauch waschen und trocken schleudern. Grana grob zerkleinern, zusammen mit den Mandeln in den Mixer oder die Küchenmaschine geben. Kurz durchmixen, dann den Bärlauch dazugeben, mixen und nach und nach $2/3$ des Öls dazugießen. Mit Salz und Pfeffer abschmecken.

Das Pesto in heiß ausgespülte Gläser füllen, mit dem restlichen Öl begießen. Im Kühlschrank 3–4 Wochen haltbar. Wichtig: Pesto nach Gebrauch immer wieder mit Öl auffüllen, damit die Oberfläche bedeckt ist.

Die Zutaten für Pesto können nach Belieben variiert werden: Statt Bärlauch Petersilie oder eine Basilikum-Petersilie-Mischung nehmen, geröstete Haselnüsse statt Mandeln verwenden, die Ölsorte nach Geschmack auswählen.

Basilikumpesto und Walnusspesto

Bärlauch durch Basilikum ersetzen, statt Mandeln Pinienkerne und statt Grana reifen Pecorino verwenden. Für das Nusspesto 2 Bund Blattpetersilie mit 75 g Grana oder Parmesan und 150 g Walnusskernen mixen, 150 ml Traubenkernöl zugießen und mit Salz, Pfeffer und etwas abgeriebener Zitronenschale abschmecken.

Apfel-Meerrettich

2 Gläser à 300 ml | Zubereitungszeit: 30 Minuten

125 ml Apfelessig, 3 EL Honig, 3 Nelken, einige Pimentkörner,
600 g säuerliche Äpfel (z. B. Rubinette), 1 Stück Meerrettich (ca. 150 g),
Salz, Pfeffer aus der Mühle, Essig und Zucker zum Abschmecken

Essig, Honig, Nelken und Piment einmal aufkochen lassen. Äpfel und
Meerrettich schälen, auf der Rohkostreibe oder in der Küchenmaschine
grob raspeln. In die heiße Essigmischung geben und alles gut vermischen.
Einmal aufkochen lassen. Mit Salz, Pfeffer, Essig und Zucker abschmecken.
In heiß ausgespülte Gläser füllen und gut verschließen. Hält sich im Kühl-
schrank 3–4 Wochen.

Die Meerrettich-Varianten passen gut zu gekochtem oder gegrilltem Fleisch,
z. B. zu Tafelspitz, Bollito misto oder einem Rinderkotelett vom Rost.

Rote-Bete-Meerrettich

Dafür werden die Äpfel einfach durch 500 g Rote Bete
ersetzt. Der Sud zum Übergießen kann zusätzlich mit Sternanis und einem kleinen Stück Zimt gewürzt werden.

In ein schönes Einmachglas
verpackt sind die Meerrettich-
Varianten das ideale Mitbringsel
für eine Einladung zum Grillen
oder zum Fleischfondue.

Paprika-Tomaten-Ketchup

ca. 1250 ml | Zubereitungszeit: 80 Minuten

500 g reife rote Paprikaschoten, 1,5 kg reife Tomaten,
1 frische Chilischote, 1 große Gemüsezwiebel, 3 Knoblauchzehen, je ½ TL gemahlene Nelken und Piment,
etwas gemahlene Muskatblüte, ¼ l milder Essig, 100 g brauner
Zucker, Salz, Paprikapulver, Pfeffer aus der Mühle

Die Paprikaschoten waschen und halbieren, Kerne und weiße Rippen entfernen, Fruchtfleisch grob zerkleinern. Die Tomaten waschen und vierteln,
den grünen Stielansatz herausschneiden. Die Chilischote halbieren und
entkernen. Zwiebel und Knoblauch schälen, ebenfalls grob zerkleinern.

Alle vorbereiteten Zutaten im Mixer oder mit dem Pürierstab nochmals zerkleinern. Mit den Gewürzen und dem Essig in einen Topf füllen. Bei milder
Hitze so lange köcheln lassen, bis das Gemüse sehr weich ist.

Im Mixer oder mit dem Pürierstab ganz fein pürieren. Den Zucker unterrühren und den Ketchup bis zur gewünschten Konsistenz einkochen lassen.
Mit Salz, Paprika und Pfeffer kräftig abschmecken. In heiß ausgespülte
Flaschen füllen und verschließen. Der Ketchup hält sich im Kühlschrank
2–3 Monate.

Die ideale Ergänzung
zum selbst gemachten
Ketchup: Verschenken Sie
Pommes-Schälchen aus
Porzellan dazu!

Scharfe Pflaumensauce

ca. 1200 ml | Zubereitungszeit: 45 Minuten

1 kg Pflaumen, 250 g Gelierzucker 3:1, je ¼ l Essig und Wasser,
5–6 getrocknete kleine Chilischoten, je 1 TL Pimentkörner und Nelken,
3 Sternanis, 1 Zimtstange, Salz, Pfeffer aus der Mühle, Zucker

Die Pflaumen waschen, halbieren und entkernen. Mit Gelierzucker, Essig und Wasser zum Kochen bringen. Die Chilischoten zerkleinern und unterrühren. Piment, Nelken und Sternanis grob zerkleinern, mit dem Zimt in ein Mullsäckchen einbinden oder in ein großes Tee-Ei füllen. In den Topf hängen und mitkochen.

Die Sauce bei milder Hitze 15–20 Minuten köcheln lassen, bis die Pflaumen ganz weich sind. Dabei immer wieder umrühren, damit nichts am Topfboden ansetzt. Gewürze entfernen. Die Sauce mit dem Pürierstab oder portionsweise im Mixer ganz fein pürieren. Mit Salz, frisch gemahlenem Pfeffer und Zucker abschmecken. In heiß ausgespülte Flaschen füllen und verschließen. Kühl aufbewahrt ist die Sauce mehrere Wochen haltbar.

Statt ganzer Gewürze können Sie auch gemahlene verwenden, die Sie vielleicht im Vorrat haben. Die Lebkuchen-Gewürzmischung von der letzten Weihnachtsbäckerei ist ebenfalls geeignet.

Die scharfe Sauce schmeckt gut zu asiatischen Fleischgerichten, Frühlings- und Glücksrollen oder zu rohem Gemüse. In eine schöne Flasche füllen und mit asiatischem Duftreis oder Ess-Stäbchen verschenken.

Aprikosensauce

ca. 900 ml | Zubereitungszeit: 40 Minuten | evtl. Ruhezeit: ca. 12 Stunden

1 kg nicht allzu reife, säuerliche Aprikosen, 200 g Gelierzucker,
1 Zitrone, 3–4 Nelken, nach Belieben 20 ml Aprikosenschnaps

Die Aprikosen waschen, halbieren und entkernen. Mit dem Gelierzucker überstreuen und am besten über Nacht Saft ziehen lassen.

Die Zitrone auspressen, Saft und auch die ausgepresste Zitrone zu den Aprikosen geben. Nelken zufügen. Alles aufkochen, unter Rühren 8–10 Minuten köcheln lassen. Die Nelken und die Zitronenhälften herausfischen. Die Sauce mit dem Pürierstab oder im Mixer fein pürieren. Nach Belieben den Schnaps unterrühren. Nochmals mit Zucker abschmecken. In heiß ausgespülte Flaschen abfüllen und verschließen. Im Kühlschrank 3–4 Wochen haltbar.

Das Durchziehen der Früchte mit Gelierzucker ist nicht unbedingt nötig, ergibt aber ein besseres Aroma. Die Zeit bis zum Aufkochen wird etwas verkürzt, die Sauce setzt auch nicht so leicht am Topfboden an, da sich schon genügend Flüssigkeit gebildet hat.

Füllen Sie die Saucen in schöne, möglichst kleine Flaschen ab, denn einmal geöffnet, sollten sie schnell verbraucht werden.

Beerensauce

Die Aprikosen durch Beeren (z. B. Himbeeren, schwarze Johannisbeeren) ersetzen und in derselben Weise verfahren. Die Beerensaucen eventuell etwas länger kochen, da diese Früchte mehr Wasser enthalten.

Süßsauer eingelegter Kürbis

4 Gläser à 500 ml | Zubereitungszeit: 60 Minuten

1,2 kg ausgelöstes Kürbisfleisch (Muskatkürbis oder Hokkaido), 750 ml Weißweinessig, 750 ml Wasser, 2 EL Senfkörner, 1 EL Piment, 1 EL Nelken, 1 gehäufter EL Salz, 250 g Kandiszucker

Das Kürbisfleisch in daumennagelgroße Würfel schneiden (möglichst gleichmäßig, damit sie die gleiche Garzeit haben). Essig, Wasser und alle anderen Zutaten in einem großen Topf zum Kochen bringen.

Die Kürbiswürfel hineingeben, bei milder Hitze kochen lassen, bis sie knackig gar sind. In ein Sieb abgießen, den Sud dabei auffangen. Die Würfel abkühlen lassen, dann in heiß ausgespülte Gläser schichten.

Den Sud nochmals erhitzen und 20 Minuten köcheln lassen. Über die Kürbiswürfel gießen. Die Gläser verschließen und abkühlen lassen. Haltbarkeit: ca. 6 Monate. Der eingelegte Kürbis schmeckt besonders gut zu gekochtem Rindfleisch.

Süßsauer eingelegte Rote Bete

Mit diesem Sudrezept kann man auch Rote Bete statt Kürbisfleisch einlegen. Zunächst die Rote Bete in der Schale in Salzwasser knackig gar kochen. Schälen und in dickere Scheiben schneiden. Diese nur kurz im Sud kochen, nach Belieben noch 1 EL Sternanis dazugeben, dann wie oben beschrieben weiterverarbeiten.

Tomatenconfit

2 Gläser à 500 ml | Zubereitungszeit: 20 Minuten | Kochzeit: ca. 2 Stunden

350 g Zwiebeln, 4 Knoblauchzehen, 4 EL Olivenöl, 4 Dosen geschälte Tomaten à 400 g, 1 EL Pfefferkörner, 1 getrocknete Chilischote, 1 Zweig Rosmarin, einige kleine Zweige Thymian, Salz und Pfeffer aus der Mühle, 1 Prise Zucker

Zwiebeln und Knoblauch schälen, grob hacken. Öl in einem großen Topf erhitzen, Zwiebeln und Knoblauch darin glasig werden lassen. Tomaten dazugeben, Pfefferkörner und zerkleinerte Chilischote unterrühren. Rosmarin und Thymian mit Küchenzwirn fest zusammenbinden und in den Topf legen.

Alles zum Kochen bringen, dann bei milder Hitze mindestens 2 Stunden ganz leicht köcheln lassen. Zwischendurch immer wieder umrühren, damit nichts am Topfboden ansetzt. Am besten einen Spritzschutz auflegen, da die Tomatenmasse sehr leicht hochspritzt.

Das Confit mit Salz, frisch gemahlenem Pfeffer und etwas Zucker abschmecken. In heiß ausgespülte Gläser füllen, abkühlen lassen, dann die Oberfläche mit Olivenöl bedecken. Kühl aufbewahrt 3–4 Wochen haltbar. Nach Gebrauch die Oberfläche immer wieder mit Öl bedecken, dann hält sich das Confit länger.

Das Tomatenconfit schmeckt gut auf geröstetem Weißbrot, kann aber auch als Grundlage für einen Pizzabelag oder als Basis für eine schnelle Tomatensauce dienen.

Pilzpaste

2 Gläser à 200 ml | Zubereitungszeit: 30 Minuten

2 Schalotten oder kleine Zwiebeln, 2 Knoblauchzehen, 1 Möhre,
500 g Egerlinge (braune Champignons), 200 ml Olivenöl,
40 ml Portwein, 3 EL Sherry-Essig, Salz, Pfeffer aus der Mühle

Schalotten, Knoblauch und Möhre schälen, sehr fein hacken. Die Pilze mit einem Tuch oder einer weichen Bürste putzen, die Stielenden abschneiden. Pilze ebenfalls fein hacken.

In einer großen Pfanne 4 EL Olivenöl erhitzen. Zwiebeln, Knoblauch und Möhre darin weich dünsten. Die Pilze dazugeben und 5–6 Minuten braten, bis sich ihr Volumen fast halbiert hat und alle Flüssigkeit verdampft ist. Dabei immer wieder mit dem Pfannwender durchrühren, damit nichts am Boden ansetzt. Mit Portwein und Essig ablöschen, wiederum stark einkochen lassen, bis keine Flüssigkeit mehr vorhanden ist. Mit Salz und frisch gemahlenem Pfeffer kräftig abschmecken.

Die Mischung in heiß ausgespülte Gläser füllen und mit dem restlichen Öl bedecken. Im Kühlschrank 3–4 Wochen haltbar. Nach Gebrauch die Oberfläche mit frischem Olivenöl begießen, dann hält sich die Paste länger.

Noch feiner wird die Paste, wenn man die gebratenen Pilze nach dem Abkühlen im Mixer kurz püriert und dabei das Olivenöl langsam dazugießt.

Die Pilzpaste eignet sich zum Würzen von Saucen, Ragouts oder Schmorbraten. Mit Sahne wird daraus ganz schnell eine Pilzsauce zum Schnitzel oder zur Pasta.

Süße
Verführungen

Aprikosenplätzchen

ca. 40 Stück | Zubereitungszeit: 1 Stunde | Ruhezeit: 1 Stunde

300 g Mehl, 150 g Zucker, abgeriebene Schale von ½ unbehandelten Zitrone, 1 Prise Salz, 200 g kalte Butter oder Margarine, 1 Ei oder 2 Eigelb, Mehl zum Ausrollen, 150 g Aprikosenkonfitüre, 2 EL Aprikosenschnaps, Puderzucker zum Bestäuben

Mehl, Zucker, Zitronenschale und Salz auf die Arbeitsfläche häufen. Das Fett in kleine Stücke schneiden, obenauf setzen. Ei oder Eigelb in die Mitte geben. Alle Zutaten mit einem großen Messer oder einer Palette durchhacken, bis feine Brösel entstanden sind. Dann rasch mit den Händen zu einem festen Teig verkneten. In Folie wickeln und 1 Stunde im Kühlschrank ruhen lassen.

Den Teig auf wenig Mehl messerrückendick ausrollen. Plätzchen in beliebigen Formen ausstechen und auf ein mit Backpapier belegtes Blech legen. Im vorgeheizten Ofen (200 °C) in ca. 8–10 Minuten goldgelb backen.

Inzwischen die Konfitüre mit dem Schnaps glatt rühren. Die Plätzchen mit der Konfitüre füllen und zusammensetzen. Die Plätzchen sollten noch warm sein, dann wirkt die Konfitüre wie Klebstoff. Gut auskühlen lassen, dann luftdicht verpacken, damit sie knusprig bleiben.

Die Plätzchen schmecken auch mit anderen, vor allem säuerlichen Konfitüren wie Sauerkirsche oder Johannisbeere. Zwischen Lagen von Küchenpapier verpacken, damit sie gut geschützt vor Bruchgefahr sind.

Schnelle Mandelkekse

ca. 50 Stück | Zubereitungszeit: 45 Minuten

280 g Mehl, 100 g Zucker, 1 Päckchen Vanillezucker, 1 Prise Salz,
2 Eiweiß, 200 g kalte Butter, 100 g Mandelstifte

Aus Mehl, Zucker, Vanillezucker, Salz, 1 verquirlten Eiweiß und der klein geschnittenen Butter einen Mürbteig kneten (siehe Seite 10).

Den Backofen auf 200 °C vorheizen. Ein Stück Backpapier in Blechgröße auf die Arbeitsfläche legen. Darauf den Teig messerrückendick ausrollen. Das zweite Eiweiß ebenfalls gut verquirlen und die Teigplatte damit bestreichen. Die Mandelstifte auf der Platte verteilen, mit dem restlichen Zucker gleichmäßig bestreuen.

Die Teigplatte im vorgeheizten Backofen in 10–12 Minuten backen, die Oberfläche soll hell bleiben. Aus dem Ofen nehmen und die Teigplatte sofort mit einem großen Messer in rautenförmige Plätzchen schneiden.

Abgekühlt lässt sich der Teig nicht mehr schneiden, ohne zu zerbröseln. Sollte die Teigplatte schon zu sehr abgekühlt sein, bevor alle Plätzchen geschnitten sind, einfach das Blech noch mal in den Ofen schieben und kurz erhitzen. Die Mandelkekse sind sehr mürb und sollten sicher in Schachteln oder Dosen verpackt werden.

Ergänzt mit einem Blech zum Ausziehen, das sich der jeweiligen Backofengröße anpasst, wird aus dem Plätzchengeschenk ein praktisches Präsent aus der Küche für die Küche.

Cantucci

ca. 80 Stück | Zubereitungszeit: 50 Minuten

140 g Mandeln, 250 g Mehl, 250 g Zucker, 1 Päckchen Vanillezucker, 1 Prise Salz, 1 TL Backpulver, 3 kleine oder
2 große Eier, 1 kleine Prise gemahlener Anis

Die Mandeln grob hacken. In einer Schüssel mit allen anderen Zutaten gründlich vermischen. Ist der Teig zu trocken, noch ein wenig Milch unterkneten, sollte er zu klebrig sein, noch etwas Mehl einarbeiten. Aus dem Teig auf der bemehlten Arbeitsfläche mehrere Rollen mit 3–4 cm Durchmesser formen. Mit etwas Abstand auf ein mit Backpapier belegtes Blech legen, im vorgeheizten Backofen bei 180 °C 20–25 Minuten hellgelb backen.

Falls die Rollen beim Backen zu sehr auseinander gelaufen sind, längs entlang schneiden und die Rollen voneinander trennen. Dann mit einem ganz scharfen Messer schräg in fingerdicke Scheiben schneiden. Die Scheiben etwas auseinander ziehen, damit sie besser trocknen können, und nochmals für ca. 15 Minuten in den Ofen schieben.

Für einen besonders „mandeligen" Geschmack kann man zusätzlich 4–5 Tropfen Bittermandelöl unter den Teig kneten.

Verschenken Sie die italienischen Cantucci zusammen mit einer kleinen Flasche Vin Santo (toskanischer Süßwein) oder einem anderen süßen Wein.

Japonais

ca. 80 Stück | Zubereitungszeit: 1 Stunde

225 g Haselnüsse, 3 Eiweiß, 1 Prise Salz,
1 TL Zitronensaft, 200 g Zucker, 100 g bittere Schokolade,
3 EL Mandelmus (aus dem Reformhaus), 3 EL Puderzucker

Die Haselnüsse im Backofen oder unter dem Grill rösten, bis die Schale abplatzt. In ein altes Küchentuch einhüllen und durch Rubbeln die Schale entfernen. Nüsse abkühlen lassen und anschließend sehr fein mahlen.

Eiweiß mit Salz sehr steif schlagen, den Zitronensaft unterrühren. Zucker langsam einrieseln lassen, dabei ständig weiterschlagen. Die gemahlenen Nüsse mit einem Teigspatel unterheben.

Die Masse in einen Spritzbeutel mit großer Lochtülle füllen (oder einen Gefrierbeutel verwenden und eine Tütenspitze abschneiden). Auf ein mit Backpapier belegtes Blech daumennagelgroße Häufchen spritzen. Bei 160 °C 15–18 Minuten backen. Die Makronen abkühlen lassen.

Für die Füllung die Schokolade in kleine Stücke schneiden und im Wasserbad schmelzen. Das Mandelmus und den Puderzucker unter die etwas abgekühlte Schokolade rühren. Jeweils 2 Makronen mit etwas Füllung zusammensetzen und leicht andrücken. Die Creme fest werden lassen, dann erst die fertigen Japonais verpacken.

Eine praktische Verpackungsidee: Die Japonais in einen Spritzbeutel füllen und mit einer kleinen Auswahl an Tüllen verschenken.

Katzenzungen

ca. 70 Stück | Zubereitungszeit: 80 Minuten

160 g zimmerwarme Butter oder Margarine, 125 g Zucker,
1 Päckchen Vanillezucker, 1 Prise Salz, 4 Eiweiß, 150 g Mehl,
50 g Speisestärke, 100 g Kuvertüre (Vollmilch oder Halbbitter)

Butter oder Margarine schaumig rühren. Zucker, Vanillezucker, Salz und Eiweiß dazugeben. Weiterschlagen, bis eine dicke helle Creme entstanden ist. Mehl und Speisestärke darübersieben und mit einem Teigspatel unterheben.

Teig in einen Spritzbeutel füllen und knapp fingerlange Teigstäbchen mit jeweils dickeren Enden auf ein mit Backpapier belegtes Blech spritzen. In 8–10 Minuten bei 180 °C goldgelb backen. Die Katzenzungen abkühlen lassen.

Die Kuvertüre fein hacken und im Wasserbad schmelzen. Die Schüssel leicht schräg stellen, die Katzenzungen mit beiden Enden eintauchen und zum Trocknen auf Alufolie oder Backpapier legen. Vor dem Verpacken gut trocknen lassen.

Wem das Eintauchen in Kuvertüre zu zeitaufwendig ist, kann auch feine Schokolinien aufspritzen. Dafür die Katzenzungen möglichst dicht nebeneinander auf die Arbeitsfläche legen. Die geschmolzene Kuvertüre in einen Frühstücks- oder Gefrierbeutel füllen, eine winzige Ecke abschneiden und Linien aufspritzen.

Die Katzenzungen können zusätzlich mit Nougat (leicht erwärmen, damit er sich verstreichen lässt) oder der Japonaiscreme (Seite 81) gefüllt werden.

Mit einem Katzen-kalender oder einer schönen Katzenkarte wird daraus ein ganz persönliches Geschenk für Katzenliebhaber.

Schokoladenknusperchen

ca. 75 Stück | Zubereitungszeit: 50 Minuten | Kühlzeit: 30 Minuten

75 g Mandeln oder Haselnüsse, 125 g Zartbitterschokolade,
100 g Mehl, 75 g Speisestärke, 100 g Rohrzucker, 150 g kalte Butter
oder Margarine, ½ TL gemahlener Zimt,
1 Msp. gemahlene Nelken, 4 Tropfen Bittermandelöl

Mandeln oder Haselnüsse mit der in kleine Stücke gebrochenen Schokolade in der Küchenmaschine zerkleinern. Zusammen mit allen anderen Zutaten zu einem festen Mürbteig kneten (siehe Seite 10).

Rollen mit dem Durchmesser eines 50-Cent-Stücks formen, mit Folie abdecken und im Kühlschrank in ca. 30 Minuten fest werden lassen.

Den Backofen auf 200 °C vorheizen. Ein Backblech mit Backpapier belegen. Die Rollen in knapp 1 cm dicke Scheiben schneiden. Auf das vorbereitete Blech legen und 12–15 Minuten backen. Gut auskühlen lassen, dann erst luftdicht verpacken.

Die Schokoknusperchen können zusätzlich noch zur Hälfte in geschmolzene Halbbitter-Kuvertüre getaucht werden.

Für Schokoliebhaber die Knusperchen zusammen mit dem Rezept und einer guten Tafel Schokolade verschenken.

Elsässische Pfeffernüsse

ca. 150 Stück | Zubereitungszeit: 50 Minuten | Ruhezeit: 2 Nächte

2 Eier, 250 g Zucker, 1 gehäufter TL gemahlener Zimt,
¼ TL gemahlene Nelken, eine Prise gemahlener Piment,
mehrere Drehungen frisch gemahlener Pfeffer aus der Mühle,
1 Msp. Hirschhornsalz, 250 g Mehl

Eier und Zucker mit den Schneebesen des Handrührers oder in der Küchenmaschine in 10–15 Minuten zu einer dicken hellen Creme schlagen. Alle Gewürze zufügen, das Hirschhornsalz in ½ TL lauwarmem Wasser auflösen, ebenfalls dazugeben. Mehl darübersieben und alles mit einem Rührlöffel sorgfältig unter die Creme rühren. Den Teig abdecken und mindestens 5 Stunden, besser noch über Nacht im Kühlschrank ruhen lassen.

Den Teig auf der bemehlten Arbeitsfläche knapp fingerdick ausrollen. Mit einem kleinen Förmchen daumennagelgroße Plätzchen ausstechen. Auf eine Marmor-oder Porzellanplatte legen. Die Pfeffernüsse über Nacht unbedeckt stehen lassen, damit die Oberfläche leicht antrocknet.

Am nächsten Tag die Plätzchen umdrehen und mit der trockenen Seite nach unten auf ein mit Backpapier belegtes Blech setzen. In den auf 150 °C vorgeheizten Ofen schieben und in 20 Minuten mehr trocknen als backen. Vom Blech rollen lassen und erst vollkommen abgekühlt in Tütchen oder Dosen verpacken.

Bei den Pfeffernüssen nicht an Pfeffer sparen, sie dürfen ruhig ein wenig Schärfe haben. Dadurch sind sie genau das richtige Geschenk für alle, die sonst einen Bogen um Weihnachtsplätzchen machen!

Teekuchen im Glas

4 Einmachgläser à 500 ml | Zubereitungszeit: 50–60 Minuten

75 g fein gewürfeltes Zitronat oder Orangeat, 75 g Sultaninen,
75 g gehackte Mandeln, 5 EL Weinbrand oder Rum,
100 g zimmerwarme Butter oder Margarine, 100 g brauner Zucker,
1 Prise Salz, 3 Eier, 175 g Mehl, 1 TL Backpulver

Zitronat oder Orangeat, Sultaninen und Mandeln mit dem Alkohol übergießen, abdecken und durchziehen lassen.

In der Zwischenzeit Butter oder Margarine schaumig rühren, Zucker, Salz und Eier zufügen und alles schön cremig schlagen. Mehl und Backpulver unterrühren. Die eingeweichten Früchte unter den Teig heben.

Die Einmachgläser mit Butter auspinseln, den Teig einfüllen. Im vorgeheizten Backofen bei 180 °C 40–50 Minuten backen. Die Teekuchen sind, kühl aufbewahrt, bis zu 8 Wochen haltbar.

Suchen Sie zum Verschenken besonders schöne Einmachgläser mit Schnappverschluss oder Deckeln mit Spangen aus!

Schoko-Törtchen

ca. 12 Stück | Zubereitungszeit: 40 Minuten

200 g bittere Schokolade, 100 g Zucker, 125 g Butter oder
Margarine, 100 g gemahlene Mandeln oder Mehl, 4 Eigelb,
1 gute Prise gemahlene Nelken oder Zimt, 4 Eiweiß, 1 Prise Salz

Schokolade in kleine Stücke brechen, zusammen mit dem Zucker und dem Fett bei ganz milder Hitze schmelzen. Etwas abkühlen lassen. Mandeln oder Mehl, Eigelb und Zimt unterrühren.

Das Eiweiß mit Salz sehr steif schlagen. Unter die Schokomasse heben. In Papierförmchen füllen und diese dann in eine Muffin-Form stellen. Im vorgeheizten Backofen bei 180 °C 25–30 Minuten backen. Abkühlen lassen. Luftdicht verpackt halten sich die Törtchen 8–10 Tage.

Die Schokotörtchen können zusätzlich noch mit einer Zuckerglasur (Puderzucker mit Rum, Zitronensaft oder Wasser glatt rühren) bestrichen und mit Schokostreuseln, gehackten Nüssen oder Liebesperlen verziert werden.

Mit einer kleinen Prise frisch gemahlenem Chili bekommen die Schokotörtchen eine ganz besondere Note. Die Schärfe verträgt sich wunderbar mit der Süße der Schokolade!

Engadiner Walnusstorte

3 kleine Springformen mit 18 cm Ø | Zubereitungszeit: 90 Minuten

375 g Mehl, 250 g kalte Butter, 400 g Zucker, 1 Prise Salz, 1 Ei,
350 g Walnusskerne, ⅛ l Sahne, 100 g Honig, 1 Eigelb

Aus Mehl, klein geschnittener Butter, 200 g Zucker, Salz und Ei einen Mürb-teig kneten (siehe Seite 10). 30 Minuten kalt stellen.

Inzwischen den restlichen Zucker in einer Pfanne schmelzen. Walnusskerne zufügen, mit der Sahne ablöschen. Den Honig unterrühren, die Masse verrühren, bis sich alles gut verbunden hat. Abkühlen lassen.

Die Formen mit Backpapier auslegen. Den Teig 4–5 mm dick ausrollen, Kreise ausschneiden, die etwas größer als die Formen sind, und in die Formen legen. Nussfüllung darauf verteilen und etwas glatt streichen. Den Rand über die Füllung klappen. Den restlichen Teig zusammenkneten, wieder ausrollen und passende Deckel ausschneiden. Auf die Füllung legen, am Rand leicht andrücken.

Teigreste eventuell ausstechen und als Verzierung auf den Deckel legen. Eigelb mit etwas Wasser glatt rühren, die Oberfläche damit bepinseln. Die Nusstorten im vorgeheizten Backofen bei 200 °C 30–40 Minuten backen. Gut in Folie verpackt 2–3 Monate haltbar.

Die Torte schmeckt auch mit Mandeln oder Haselnüssen sehr gut. Stellen Sie sich Ihre eigene Mischung zusammen, insgesamt sollten es aber 350 g Nüsse sein.

Krokantpralinen

ca. 40 Stück | Zubereitungszeit: 1 Stunde | Kühlzeit: ca. 3 Stunden

150 g Zucker, 100 g Mandelblättchen, 100 ml Sahne,
200 g Zartbitterschokolade, 2–3 EL Kakao

Für den Krokant Zucker in einer Pfanne erhitzen, bis er ganz geschmolzen und leicht braun ist. Sofort vom Herd nehmen und die Mandelblättchen unterrühren. Die Masse auf Backpapier oder Alufolie gießen und mit einem großen Messer oder einer Palette glatt streichen. Abkühlen lassen.

In der Zwischenzeit die Sahne einmal aufkochen lassen, die Schokolade zerkleinern und mit dem Kakao unter Rühren in der Sahne auflösen.

Den Krokant grob zerbrechen, im Mixer oder der Küchenmaschine zu kleinen Streuseln mahlen. Die Hälfte der Streusel unter die warme Schokomasse rühren. Zum Abkühlen kalt stellen.

Von der Masse kirschgroße Stücke abstechen und zwischen den Handflächen zu Kugeln rollen. In den übrigen Krokantstreuseln wälzen.

Je nachdem, wie knusprig die Krokantpralinen werden sollen, kann der Krokant ganz fein oder gröber zerkleinert werden. Nur zum Wälzen dürfen die Streusel nicht zu groß sein, da sie sonst leicht wieder abfallen.

Die Pralinen zum Verschenken in Cellophantüten oder einen schönen Karton verpacken. Oder eine kleine Schale damit füllen und mitverschenken.

Marzipankonfekt

ca. 40 Stück | Zubereitungszeit: 40 Minuten

250 g Mandeln, 2–3 bittere Mandeln (aus der Apotheke), 250 g Puderzucker, 3–4 EL Rosenwasser (aus der Apotheke), Kakao zum Wälzen

Die Mandeln in kochendes Wasser geben, einmal aufwallen lassen, in ein
Sieb abgießen und mit kaltem Wasser abschrecken. Die Schale abziehen
und die Mandeln auf einem Tuch trocknen lassen.

Mandeln sehr fein mahlen. Mit Puderzucker vermischen, nochmals portionsweise im Mixer mahlen. Rosenwasser zufügen und rasch unterkneten.
Das Marzipan zu einer Rolle formen, in Stücke schneiden und Kugeln
formen. Den Kakao in einen tiefen Teller sieben. Die Kugeln darin durch
Rütteln des Tellers gleichmäßig mit Kakao überziehen. In eine fest schließende Dose verpacken, damit die Marzipankartoffeln nicht austrocknen.

Gefüllter Konfekt und Marzipanpralinen

Für gefüllte Datteln 400 g getrocknete Datteln entkernen und
ein Stück Marzipan einfüllen. Fest zusammendrücken.
Für gefüllte Walnüsse Marzipan zwischen je 2 Walnusshälften
füllen, zusammendrücken und zur Hälfte in geschmolzene Kuvertüre tauchen. Die Masse reicht für ca. 350 g Walnusshälften.
Für Marzipanpralinen das Marzipan auf etwas Puderzucker
fingerdick ausrollen und in 2 cm große Stäbchen schneiden. In
geschmolzene dunkle Kuvertüre tauchen, auf Backpapier oder
Alufolie setzen und mit einer geschälten, halbierten Mandel
oder einer Pistazie verzieren. Trocknen lassen.

Das Marzipan kann auch mit
Haselnüssen oder Walnüssen
zubereitet werden, der
Geschmack ist dann etwas herber.

Zimttrüffel

ca. 35 Stück | Zubereitungszeit: 45 Minuten | Kühlzeit: ca. 3 Stunden

100 ml Sahne, 200 g Zartbitter- oder Bitterschokolade, 2 gestr. TL gemahlener Zimt, 3 EL Puderzucker (wahlweise Kakao oder eine Mischung aus Kakao und Puderzucker)

Sahne in einem Topf einmal aufkochen lassen, die zerkleinerte Schokolade einrühren und darin schmelzen. 1 TL Zimt unterrühren. Die Masse abkühlen lassen, dann zum Festwerden kalt stellen.

Von der Trüffelmasse kirschgroße Stücke abstechen, zwischen den Handflächen zu Kugeln rollen und in einer Mischung aus Puderzucker und dem restlichen Zimt wälzen.

Trüffel schmecken frisch am allerbesten, daher möglichst erst kurz vor dem Verschenken (maximal 2–3 Tage vorher) zubereiten. Zum Aufbewahren luftdicht verpacken und kühl lagern. Aber unbedingt etwa ½ Stunde vor dem Verzehr aus dem Kühlschrank nehmen, damit sich das Aroma richtig entfalten kann!

Man kann die Trüffel auch in Cellophantütchen verpacken oder in farbige Konfektförmchen setzen und in einer schönen Schachtel verschenken, evtl. zusammen mit einer speziellen Pralinengabel.

Teetrüffel und Rosmarintrüffel

Zutaten und Zubereitung wie für die Zimttrüffel, jedoch statt des Zimts 2 TL Earl-Grey-Teeblätter oder 1 EL frische Rosmarinnadeln für 20 Minuten in der heißen Sahne ziehen lassen. Absieben und dann die Schokolade in der warmen Sahne schmelzen.

zimt trüffel

Rumkugeln

ca. 50 Stück | Zubereitungszeit: 50 Minuten | Kühlzeit: ca. 3 Stunden

75 g Butter, je 150 g Vollmilch- und Zartbitterschokolade,
4 EL Rum, 75 g Puderzucker, ca. 200 g dunkle Schokoladenstreusel

Die Butter und die grob zerkleinerte Schokolade bei milder Hitze schmelzen. Rum unterrühren, den Puderzucker dazusieben und alles zu einer glatten Masse verrühren. Abkühlen lassen.

Von der Masse kirschgroße Stücke abstechen, zwischen den Handflächen zu Kugeln formen. Schokostreusel in eine Schale geben, die Rumkugeln darin durch Rütteln der Schale wenden. Herausnehmen und nochmals ganz kurz zwischen den Handflächen rollen, damit die Streusel fest angedrückt werden.

Die Rumkugeln kühl aufbewahren. Haltbarkeit: 8–10 Tage. Eine halbe Stunde vor dem Verzehr aus dem Kühlschrank nehmen, damit sich ihr Aroma richtig entfalten kann.

Die Rumkugeln in eine schöne Schachtel verpacken und vielleicht zusammen mit einer kleinen Flasche gutem Rum verschenken.

Pikantes aus dem Backofen

Olivenschnecken

ca. 60 Stück | Zubereitungszeit: 40 Minuten

150 g schwarze, entkernte Oliven, 2 Zwiebeln, 2 Knoblauchzehen,
1 Bund Blattpetersilie, 3 EL Olivenöl, Salz, Pfeffer aus der Mühle,
1 Rolle backfertiger Blätterteig (ca. 275 g)

Die Oliven grob hacken. Zwiebeln und Knoblauch schälen und fein hacken. Petersilie waschen, trocknen, ebenfalls fein hacken. Zwiebeln und Knoblauch in heißem Öl weich dünsten. Petersilie untermischen, alles kräftig mit Salz und Pfeffer würzen.

Den Blätterteig ausbreiten. Die Zwiebelmischung darauf verteilen und mit den gehackten Oliven bestreuen. Von der breiten Seite her aufrollen. In fingerdicke Scheiben schneiden und auf ein mit Backpapier belegtes Blech setzen.

Die Schnecken im vorgeheizten Backofen bei 200 °C in 18–20 Minuten goldbraun backen. Abkühlen lassen, anschließend luftdicht verpacken und möglichst nicht länger als 2–3 Tage aufbewahren.

Die Schnecken schmecken lauwarm besonders gut. Deshalb eventuell vor dem Verzehr noch mal kurz in den heißen Ofen oder unter den Grill schieben.

Pistazienblätter

ca. 40 Stück | Zubereitungszeit: 35 Minuten | Kühlzeit: 1 Stunde

100 g Pistazien, 150 g Mehl, 50 g fein geriebener Parmesan
oder Grana Padano, 75 g kalte Butter oder Margarine,
2–3 EL Sauerrahm, Salz, Pfeffer aus der Mühle, 1 Eigelb

$\frac{1}{3}$ der Pistazien fein hacken und für die Verzierung beiseitestellen, den Rest fein mahlen. Aus Mehl, Käse, klein geschnittenem Fett, Sauerrahm, gemahlenen Pistazien und den Gewürzen einen Mürbteig kneten (siehe Seite 10). Rollen mit dem Durchmesser eines 2-Euro-Stücks formen. Mit Folie abgedeckt für 1 Stunde kalt stellen.

Die Rollen in ½ cm dicke Scheiben schneiden, auf ein mit Backpapier belegtes Blech setzen. Das Eigelb mit etwas Wasser verquirlen, die Plätzchen damit bestreichen. Mit den Pistazien verzieren. Im vorgeheizten Backofen bei 200 °C 10–12 Minuten backen.

Verpacken Sie die Nussplätzchen in ein schönes Schälchen und verschenken Sie es mit einem Beutel gerösteter Pistazien.

Walnussblätter und Haselnussblätter
Wenn man die Pistazien durch gemahlene Walnüsse oder geröstete Haselnüsse ersetzt, schmecken die Kekse auch sehr lecker.

Brioches mit Schinkenspeck

ca. 12 Stück | Zubereitungszeit: 1 Stunde | Ruhezeit: 75 Minuten

¼ l Milch, 1 Würfel frische Hefe oder 2 Tütchen Trockenhefe,
½ TL Zucker, 500 g Mehl, 1 Ei, 175 g Butter, 125 g gewürfelter
Schinkenspeck, Salz, Pfeffer aus der Mühle, frisch geriebene
Muskatnuss, 1 Eigelb, 1 EL Milch, Sahne oder Wasser

Die Milch leicht erwärmen, Hefe und Zucker darin auflösen. Mehl, Ei und die klein geschnittene Butter zufügen. Alle Zutaten mit dem Handrührgerät oder in der Küchenmaschine so lange kneten, bis sich der Teig vom Schüsselrand löst. Zugedeckt 45 Minuten gehen lassen.

Die Schinkenwürfel unter den Teig kneten. Mit Salz, Pfeffer und Muskat kräftig abschmecken. Eine Rolle formen und in 12 Stücke teilen. Jedes Teigstück zu einer Kugel rollen, ein wenig Teig abklemmen (aber nicht abtrennen) und zu einer kleineren Kugel drehen. Die Brioches in Papierförmchen oder in eine gefettete Muffinform setzen. Nochmals 30 Minuten gehen lassen.

Das Eigelb mit der Flüssigkeit glatt rühren. Die Brioches damit bepinseln. Im vorgeheizten Backofen bei 200 °C 35–40 Minuten backen.

Kräuter-Brioches
Die Brioches schmecken auch sehr gut, wenn man sie mit 1 Handvoll frisch gehackten gemischten Kräutern statt mit Schinkenspeck zubereitet.

Die Brioches sind das ideale Mitbringsel für eine Einladung zum Frühstück oder Brunch. Da sie frisch am besten schmecken, kann man sie auch roh in den Förmchen im Kühlschrank aufbewahren und am nächsten Morgen ca. 30 Minuten vor dem Backen herausnehmen und gehen lassen.

Walnussbaguette

2 Stangen | Zubereitungszeit: 60 Minuten | Ruhezeit: 70 Minuten

250 g Weizenmehl, 250 g Roggenmehl (Type 997),
½ Würfel frische Hefe (20 g) oder 1 Tütchen Trockenhefe,
300–350 ml lauwarmes Wasser, 1 TL Zucker, 2 TL Salz,
150 g Walnusskerne, 1 TL Koriandersamen oder
½ TL gemahlener Koriander

Das Mehl in einer Schüssel vermischen. Die Hefe im Wasser auflösen, den Zucker unterrühren, mit dem Mehl vermischen. Salz zufügen und alles gründlich schlagen, bis sich der Teig vom Schüsselrand löst. Abgedeckt 40 Minuten gehen lassen.

In der Zwischenzeit die Walnusskerne grob hacken. Mit dem Koriander unter den Teig kneten. Ein Küchentuch so zurechtlegen, dass zwei lange Rinnen entstehen. Den Teig zu zwei langen Stangen formen und in die bemehlten Rinnen legen. Nochmals 30 Minuten gehen lassen.

Die Brote auf ein mit Backpapier belegtes Blech legen. Mehrmals quer einschneiden, die Oberfläche mit Wasser bepinseln. Die Brote im vorgeheizten Backofen bei 220 °C 35–40 Minuten backen.

Die Baguettes in Butterbrotpapier oder ein Küchentuch einwickeln und eventuell mit einem Holzbrett oder einem Brotkorb verschenken.

Tomaten Grissini

Tomaten-Grissini

ca. 50 Stück | Zubereitungszeit: 40 Minuten | Ruhezeit: 75 Minuten

je 150 ml lauwarmes Wasser und Milch, 20 g frische Hefe
oder 1 Tütchen Trockenhefe, 1 gestr. TL Zucker,
500 g Mehl (Weizen oder Dinkel), 2 TL Salz, 4 EL Olivenöl,
50 g getrocknete Tomaten, Pfeffer aus der Mühle

Wasser und Milch in eine Schüssel füllen, Hefe und Zucker einrühren. Mehl, Salz und Öl dazugeben, so lange kneten, bis sich der Teig vom Schüsselrand löst. Mit einem Tuch abgedeckt 45 Minuten gehen lassen. In der Zwischenzeit die Tomaten ganz fein hacken.

Den Teig durchkneten, dabei die Tomaten unterkneten. Kräftig mit Pfeffer würzen. Auf der Arbeitsfläche zu einem Rechteck (ca. 40 x 40 cm) ausrollen. Mit dem glatten Teigrädchen oder einem Pizzaschneider längs halbieren. Jede Platte in ca. 25 Streifen schneiden, jeden Streifen zu einem langen dünnen Strang rollen, diesen leicht aufzwirbeln und auf ein mit Backpapier belegtes Blech legen. Nochmals 30 Minuten gehen lassen. Anschließend im heißen Backofen bei 200 °C ca. 25–30 Minuten backen.

Kräuter-Grissini und Sesam-Grissini

2 EL Rosmarinnadeln oder Thymianblättchen unterkneten, grobes Meersalz statt normalem Salz verwenden.
Für Sesam-Grissini 2 EL weiße oder schwarze Sesamsamen unter den Teig kneten, zusätzlich mit frisch gemahlener Muskatnuss und etwas Kreuzkümmel würzen.

Verschenken Sie die Grissini zusammen mit einer Flasche italienischem Rotwein oder mit gutem Olivenöl.

Knusprige Käsestangen

ca. 50 Stück | Zubereitungszeit: 1 Stunde | Ruhezeit: 1–2 Stunden

250 g Magerquark, 250 g kalte Butter oder Margarine,
250 g Mehl, Salz und Pfeffer aus der Mühle, frisch geriebene
Muskatnuss, 1 Ei, 200 g geriebener Appenzeller oder alter Gouda

Den Magerquark in einem Sieb abtropfen lassen. Mit dem klein geschnittenen Fett, Mehl und Gewürzen rasch zu einem festen Teig verkneten. In Folie wickeln und 1–2 Stunden im Kühlschrank ruhen lassen.

Den Teig auf einer bemehlten Arbeitsfläche 3–4 mm dick ausrollen. Das Ei verquirlen und die Oberfläche damit bepinseln. Mit dem Teigrädchen oder einem Pizzaschneider in etwa 20 cm lange fingerbreite Streifen schneiden. Teigreste verkneten und nochmals ausrollen.

Den Käse auf die Streifen streuen, mit dem Rollholz leicht darüberrollen, damit der Käse angedrückt wird. Die Streifen aufzwirbeln und auf ein mit Backpapier belegtes Blech legen. Im vorgeheizten Backofen bei 200 °C 15–18 Minuten backen. Auskühlen lassen. Luftdicht verpackt halten die Käsestangen 5–6 Tage. Vor dem Servieren eventuell nochmals kurz aufbacken.

Zusammen mit einer guten Flasche Wein sind diese Käsestangen das ideale Mitbringsel zu einem Abend bei Freunden.

Mürbes Käsegebäck

ca. 70 Stück | Zubereitungszeit: 40 Minuten | Ruhezeit: 1 Stunde

200 g alter Gouda oder Greyerzer (fein gerieben), 200 g kalte Butter
oder Margarine, 200 g Mehl, 1 Ei, 1 Eiweiß, weißer Pfeffer
aus der Mühle, frisch geriebene Muskatnuss, Salz,
1 Eigelb, 2 EL Milch oder Sahne, zum Bestreuen: Kümmel, Mohn,
Sesamsamen, gehackte Pistazien oder Mandeln

Aus dem Käse, klein geschnittenem Fett, Mehl, Ei, Eiweiß und den Gewürzen einen festen Mürbteig kneten (siehe Seite 10). Mit Salz abschmecken. In
Folie gewickelt 1 Stunde kalt stellen.

Den Teig auf etwas Mehl ½ cm dick ausrollen. Eigelb mit Milch oder Sahne verquirlen, die Oberfläche damit bestreichen und mit Kümmel, Mohn,
Sesam oder gehackten Nüssen bestreuen. Mit dem Teigrädchen oder einem
Pizzaschneider zuerst in breite Streifen und dann in Rauten schneiden.
Eventuelle Teigreste zusammenkneten und nochmals ausrollen. Der Teig
kann selbstverständlich auch mit Förmchen ausgestochen werden, das
macht allerdings etwas mehr Arbeit.

Die Rauten mit einer Palette auf ein vorbereitetes Blech heben. Im vorgeheizten Backofen bei 200 °C in 10–12 Minuten goldgelb backen. Nach dem
Auskühlen luftdicht verpacken. Das Käsegebäck hält sich gut verpackt und
kühl aufbewahrt 1–2 Wochen.

Verschenken Sie das Gebäck
zusammen mit einem
Teigrädchen, Pizzaschneider
oder mit Ausstechförmchen.

Gewürzmandeln

ca. 250 g | Zubereitungszeit: 30 Minuten

250 g Mandeln, 1 TL Salz, 1 EL Paprikapulver, 1 kleines Stück
getrocknete Chili, 1 TL Pfefferkörner, 2 Pimentkörner,
2 EL Sonnenblumen- oder Maiskeimöl

Die Mandeln in kochendes Wasser geben, einmal aufkochen lassen, in ein Sieb abgießen und mit kaltem Wasser abschrecken. Die Haut abziehen und die Mandeln zum Trocknen auf ein Tuch legen. In der Zwischenzeit in einem Mörser Salz, Paprika, Chili, Pfeffer und Piment fein zerstoßen. Wer es nicht so scharf mag, kann auch einige Kardamomsamen statt der Chilischote in die Würzmischung geben.

In einer Pfanne das Öl erhitzen, die Mandeln darin rundum anrösten, mit dem Würzpulver bestreuen und unter ständigem Wenden rundum gold-braun werden lassen. Gut abkühlen lassen, dann erst luftdicht verpacken. Haltbarkeit: 2–3 Wochen.

Auf dieselbe Weise wie die Gewürzmandeln lassen sich auch geschälte Erd-nüsse oder Cashew-Kerne rösten.

Die Nüsse in einer hübschen Schachtel oder Dose verschenken oder aus Papier oder Leder eine Schale basteln.

Geröstete Walnüsse

Für geröstete Walnüsse 2 EL Öl in einer Pfanne erhitzen, 250 g Walnusshälften darin rundum anrösten. Auf einem Blech ausbreiten. ½ TL Salz, 1 TL Paprikapulver, 1 EL ab-gezupfte Thymianblättchen darüberstreuen. In den auf 180 °C vorgeheizten Backofen oder unter den Grill schieben. 18–20 Minuten rösten, zwischendurch immer wenden.

Register

Impressum

Mix
Produktgruppe aus vorbildlich
bewirtschafteten Wäldern, kontrollierten
Herkünften und Recyclingholz oder -fasern
Product group from well-managed
forests, controlled sources and
recycled wood or fibre
www.fsc.org   Zert.-Nr. SGS-COC-004238
© 1996 Forest Stewardship Council
FSC

Mit 71 Farbfotos von Sabine Hans, Hamburg

Umschlaggestaltung von solutioncube GmbH, Reutlingen
unter Verwendung eines Fotos von Sabine Hans

Unser gesamtes lieferbares Programm und viele
weitere Informationen zu unseren Büchern,
Spielen, Experimentierkästen, DVDs, Autoren und
Aktivitäten finden Sie unter **www.kosmos.de**

Gedruckt auf chlorfrei gebleichtem Papier

© 2009, Franckh-Kosmos Verlags-GmbH & Co. KG, Stuttgart
Alle Rechte vorbehalten
ISBN 978-3-440-12130-6
Fotos und Styling: Sabine Hans, Hamburg
Projektleitung: Dr. Eva Eckstein
Layout und Satz: solutioncube GmbH, Reutlingen
Produktion: Eva Schmidt
Printed in Germany / Imprimé en Allemagne 2010

KOSMOS.
Kreativ und unwiderstehlich.

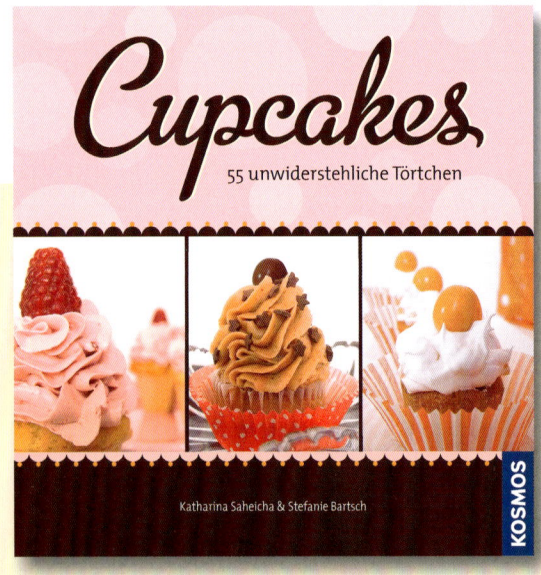

Kathrin Saheicha & Stefanie Bartsch | Cupcakes
144 S., 66 Fotos, €/D 16,95
ISBN 978-3-440-11956-3

Hildegard Möller | Solo für Genießer
144 S., ca. 80 Fotos, €/D 16,95
ISBN 978-3-440-12128-3

Mini-Törtchen vom Feinsten

Klein und handlich, cremegekrönt, liebevoll dekoriert und in bunte Papiermanschetten gehüllt: Cupcakes, die amerikanischen Kult-Törtchen, haben auch hierzulande ihren Siegeszug angetreten. Die adeligen Verwandten der Muffins stehlen mit ihrer üppigen Verzierung aus feinen Cremes und leckeren Früchten jedem Kuchen und jeder Torte die Schau.

Unkomplizierte Soloküche

Sie kochen für sich allein und sind auf der Suche nach neuem Schwung und Kreativität in der Küche? „Solo für Genießer" zeigt Ihnen, wie Sie ohne viel Aufwand Abwechslung in die Küche für eine Person bringen – egal, ob Sie nur wenig Zeit haben oder sich mit einem Schlemmer-Abend einmal richtig verwöhnen wollen.

Preisänderung vorbehalten

Genuss pur.
Neue und raffinierte Rezepte.

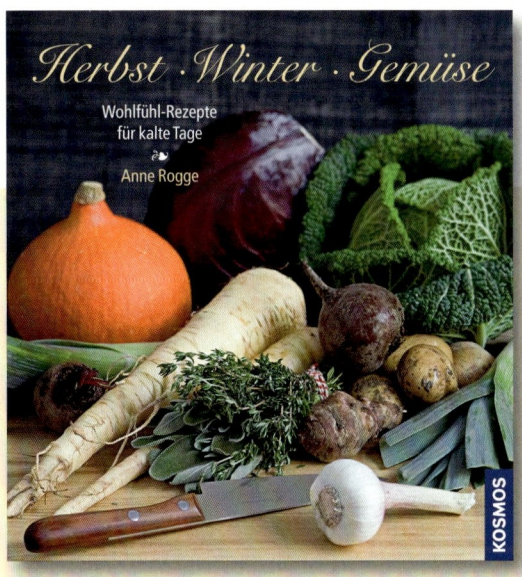

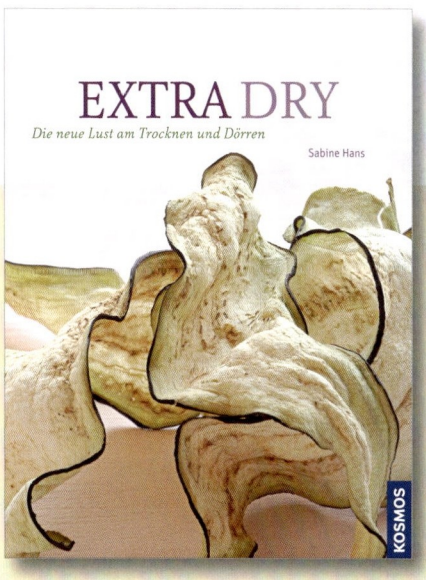

Anne Rogge | **Herbst Winter Gemüse**
128 S., 61 Fotos, €/D 16,95
ISBN 978-3-440-11614-2

Sabine Hans | **Extra Dry**
160 S., 124 Fotos, €/D 29,90
ISBN 978-3-440-11444-5

Ideal für „Biokisten"-Köche

Knackig-frisches Gemüse im Winter? Aber ja!
Heimische Gemüsesorten tanken den ganzen Sommer
über Sonne und liefern im Herbst und Winter gesunde
Vitamine, viel Geschmack und wohlige Wärme von
innen. Ob Klassiker im neuen Gewand oder wieder-
entdeckte Gemüsesorten – hier kommen Gerichte, die
Lust auf eine genussvolle kalte Jahreszeit machen.

Neue Geschmackswelten

Knusprige Rote-Bete-Chips, fruchtige Mangostreifen,
würziges Karottenpulver: Schnell und einfach im
Backofen, an der Sonne oder auf der Heizung getrocknet, sind Obst und Gemüse, Pilze, Kräuter und
Blüten nicht nur lange haltbar, sondern auch ein
intensiver Genuss. Und die kulinarischen Einsatz-
möglichkeiten sind unbegrenzt.

www.kosmos.de/essen_und_trinken